마이너 도사의 쓰레기 줄여줄여법

와이즈만 환경과학 그림책은 우리 환경, 푸른 지구를 지켜 나가는 길을 함께 찾아가는 시리즈입니다.

와이즈만 환경과학 그림책 ⓰
마이너 도사의 쓰레기 줄여줄여법

초판 1쇄 발행 | 2023년 7월 20일
초판 2쇄 발행 | 2024년 7월 15일

유다정 글 | 이해정 그림 | 와이즈만 영재교육연구소 감수 | 배선화 매거진 쓸(SSSSL) 에디터 추천
발행처 | 와이즈만 BOOKs
발행인 | 염만숙
출판사업본부장 | 김현정
편집 | 원선희 양다운 이지웅
디자인 | 이진숙
마케팅 | 강윤현 백미영 장하라

출판등록 | 1998년 7월 23일 제1998-000170
제조국 | 대한민국
주소 | 서울특별시 서초구 남부순환로 2219 나노빌딩 5층
전화 | 마케팅 02-2033-8987 편집 02-2033-8928 팩스 | 02-3474-1411
전자우편 books@askwhy.co.kr | 홈페이지 mindalive.co.kr
사용 연령 | 5세 이상
ISBN 979-11-92936-16-1 978-89-89415-85-5(세트)

저작권자 ⓒ 2023 유다정 이해정
이 책의 저작권은 유다정, 이해정에게 있습니다.
저자와 출판사의 허락 없이 내용의 일부를 인용하거나 발췌하는 것을 금합니다.

잘못된 책은 구입처에서 바꿔 드립니다.

와이즈만 BOOKs는 (주)창의와탐구의 출판 브랜드입니다.
KC마크는 이 제품이 공통안전기준에 적합하였음을 의미합니다.

마이너 도사의 쓰레기 줄여줄여법

유다정 글 | 이해정 그림

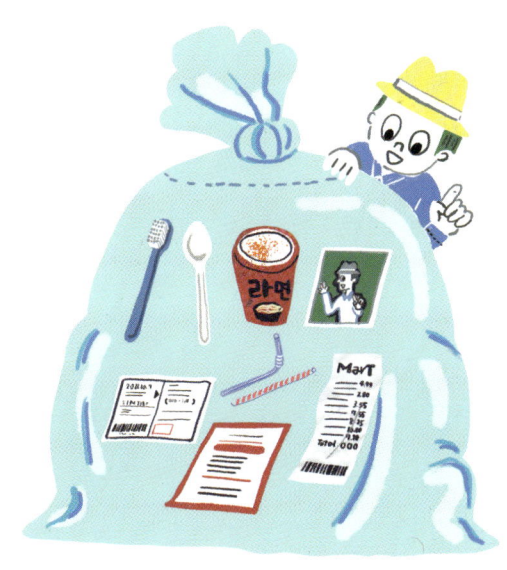

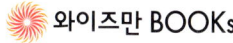
와이즈만 BOOKs

등장인물

"세상 모든 생명은 건강하게 오래 살아야지. 암 그렇고말고!"

상제

세상 모든 것을 관장하는 하늘 나라 최고의 신이야. 특별히 생명들에게 깊은 애정이 있어.

"생명들이 줄줄이 온 걸 보면 상제님이 벼락같이 화를 내실 텐데, 이를 어쩌지?"

차사

상제 가까이에서 일을 돕고 있어. 가장 중요한 임무는 무슨 일이 생길 때마다 상제에게 상세히 보고하는 거야.

"환경이 좋아야 세상이 좋아지는 법! 바쁘다, 바빠!"

마이너 도사

하늘 나라의 환경을 책임지는 도사야. 인간 세상의 장관과 비슷하다고 할까? 위기에 닥치면 주문을 외워 도술을 부릴 수도 있어.

"마이너 도사가 날 찾는다고? 대체 무슨 일이지?"

바르바

소원을 들어주는 요정 같은 존재야. 그 외에는 아무 것도 알려진 게 없어.

저 높고 높은 하늘 나라,
세상 모든 생명을 관리하는 상제는 머리끝까지 화가 났어.
차사 뒤를 줄줄이 따라오는 온갖 생명들을 보았거든.
"이런, 이런! 대체 이유가 무엇이란 말이냐!"

차사가 떨리는 목소리로 아뢰었어.

"그, 그것이 인간 세상에 쓰레기가 늘고 있기 때문입니다. 인간이 버리는 쓰레기 때문에 환경이 망가져 생명들이 제 수명을 다 살지 못하는 것입니다."

"뭐라고? 인간이 버리는 쓰레기 때문이라고?"

상제의 목소리에 노여움이 가득했어.

"당장, 마이너 도사를 불러오라!"

상제의 부름에 마이너 도사가 쏜살같이 달려왔어.
"그대 덕분에 하늘 나라 환경이 깨끗하니 참으로 고맙소.
그런데 인간 세상은 쓰레기 때문에 여러 생명이 위태롭다 하오.
무엇이 문제인지, 해결 방법은 무엇인지 자세히 알아 오시오.
사흘간의 시간을 주겠소!"

상제는 마이너 도사에게 시계 하나를 주었어.
시간이 지날수록 푸른빛이 점점
사라지는 시계인 거야.
"예, 그리하겠습니다!"

마이너 도사는 인간 세상에 내려오기 전에 주문을 걸었어.
수리수리 변신 수리랑랑!

앗, 깜짝이야!

둥근 삿갓 사라지고 짧은 머리에 페도라.

코 밑 수염 사라지고 말끔한 민낯.

긴 도포 자락 사라지고 간편한 바지와 셔츠.

그러니까 마이너 도사가 평범한 사람의 모습으로 변신한 거야.

도사라 여길 만한 구석은 어디에도 없었지.

사진 찍는 걸 좋아하는 마이너 도사의 오래된 카메라와

돌아갈 때를 알려주는 시계만 빼고 다 바뀐 거야.

"마지막으로 인간 세상에 온 게 527년 전이었던가?
사람들이 대체 어떻게 살기에 쓰레기가 늘고 있다는 거지?"
마이너 도사가 여기저기 둘러보며 찰칵찰칵!

빌딩 꼭대기나 높은 산에 올라서도 찰칵찰칵!
"쓰레기가 너무 많이 나오잖아?
그래서 문제가 생기는구나!"

"이 많은 쓰레기를 다 어떻게 처리하지?
물건을 찍어 내는 공장을 폭파할까?
아냐. 이건 너무 위험해.
쓰레기가 될 만한 물건을 다 감춰 버릴까?
아냐, 아냐. 그럼 사람들이 불편할 거야."

마이너 도사는 고민에 빠졌어.
"사람들을 깜짝 놀라게 하지 않으면서
쓰레기만 줄이는 방법은 없을까?
시간 안에 문제를 해결하고 빨리 돌아가야 하는데."
마이너 도사가 중얼거리며 우왕좌왕 안절부절!

째깍 째깍 째깍 째깍…….
시계 소리에 마이너 도사의 마음도 점점 초조해졌어.

"그래, 이 방법밖에 없겠어."
마이너 도사는 또 한 번 주문을 외웠어.
수리수리 소원 수리랑랑!

마이너 도사가 주문을 외자 이번에는 하얀 연기가 피어올랐어.

"왔구나! 내가 인간 세상에 온 건 어쩌고저쩌고······."

마이너 도사가 지금까지의 일을 말하며 연기 속 누군가를 덥석 안았어.

"하하, 안녕! 환경에 대한 거라면 나 바르바에게 다 물어봐."
마이너 도사가 간절한 눈빛으로 대답했지.
"바르바, 정말이지? 나 좀 도와줄래?"

마이너 도사가 그동안 찍은 사진을 펼쳐 보였어.
바르바는 눈을 빙글빙글 굴리다가 가장 먼저
마트 사진을 집어 들었지.
"물건을 많이 담긴 했지만 다 필요해 보였어."
마이너 도사의 말에 바르바가 손가락을 흔들었어.
"꼭 필요한 물건은 사야 하지만, 많이 살 필요는 없어.
많이 사면 쓰레기가 많이 생길 수밖에 없거든."

"소비도 계획이 꼭 필요해.
계획 없이 마트에 가면 눈에 보이는 것들이 다 필요할 것 같거든.
그럼 이것저것 카트에 담게 돼.
커다란 카트에 물건이 수북이 쌓일걸?
그래서 마트나 시장에 갈 때는 계획을 꼭 세워야 해."
"아하, 쇼핑할 때는 구매 목록을 보고
그 목록에 있는 것만 사야겠군!"

마트에는 새것, 맛있는 것들의 유혹이 너무 많아.
구매 목록을 빨리 펴 보자. 그리고 구매 목록에 적은 물건이라도
사기 전에 마지막으로 한 번 더 생각해 보는 거야.

"일회용 컵처럼 딱 한 번 쓰고 휙 버려지는 것들이 정말 많아. 그 많은 일회용 컵이 매일매일 쌓인다고 생각해 봐. 일회용품을 대신할 것을 찾아 쓰면 쓰레기 양이 엄청나게 줄어들 거야."

일회용품을 대신할 물건들은 무엇이 있을까? 선을 그리며 찾아보자.
꼬불꼬불 그려도 괜찮아. 뱅글뱅글 용수철처럼 그려도 상관없어.
선을 그리는 데 쓰레기가 생기지는 않으니까!

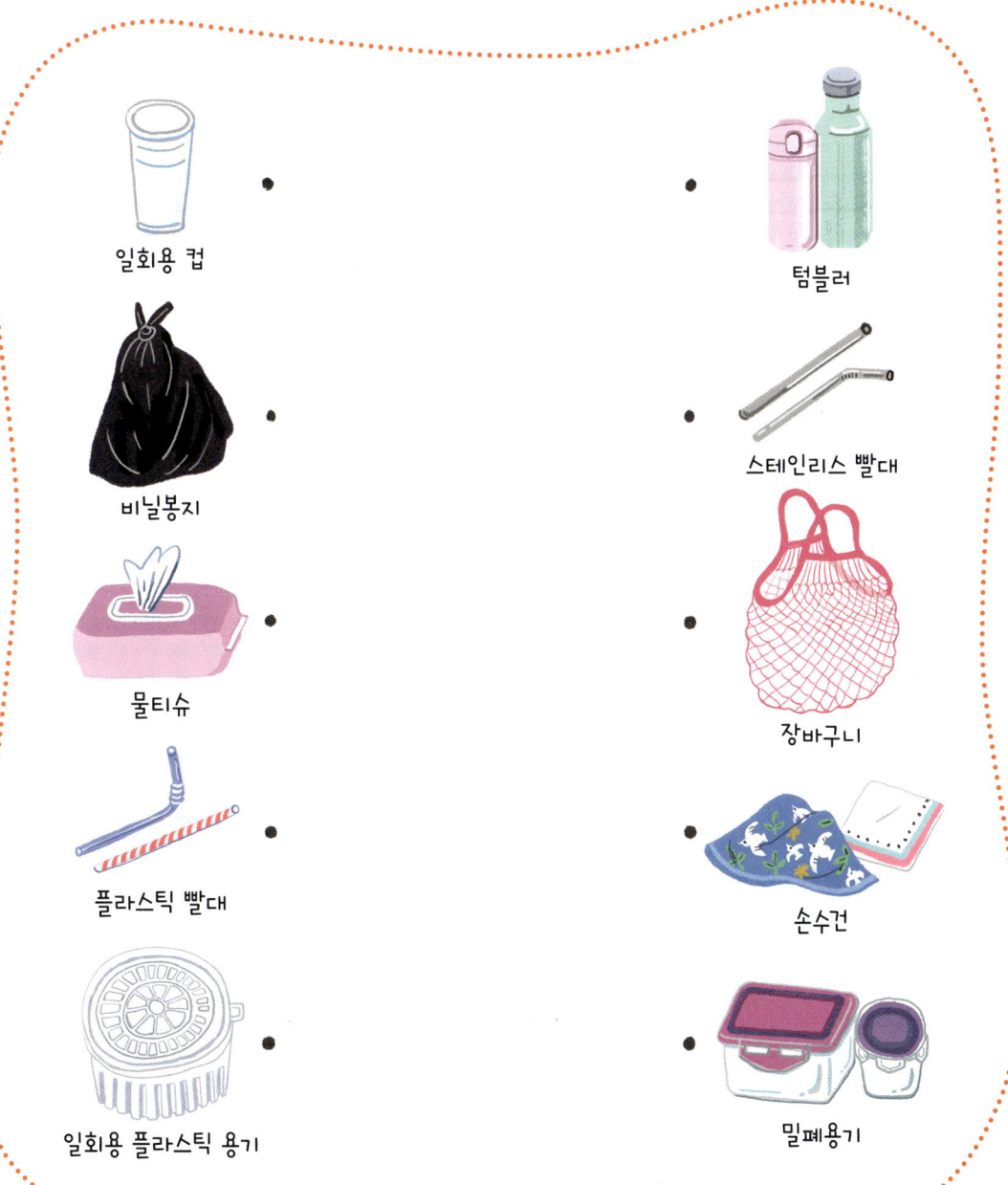

바르바가 또 다른 사진을 집어 들었어.
"공장에서 만들어지는 플라스틱 제품도 어마어마하지.
플라스틱은 가벼워서 사용하기에 편리하고 값도 싸거든."
"아하, 그래서 많이 사용하는 거구나."
마이너 도사의 말에 바르바의 표정이 금세 어두워졌어.
"맞아, 그런데 그거 아니? 플라스틱은 만드는 데 5초밖에 안 걸리지만 썩는 데는 500년도 더 걸려."

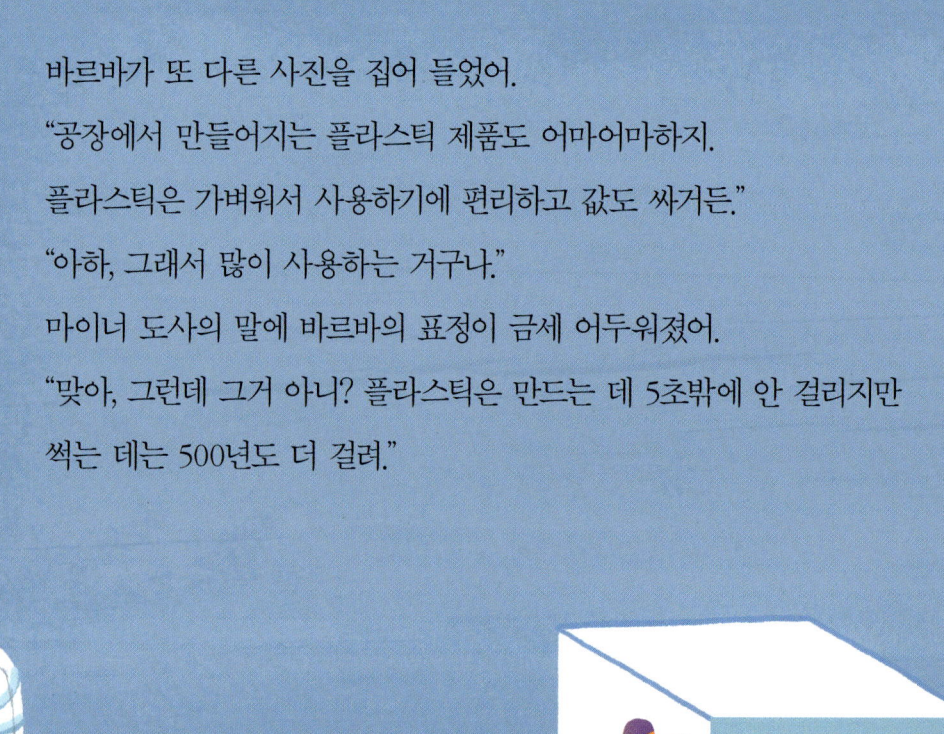

왜 과대 포장할까?

물건을 크게 보이게 하기 위해서야. 사람들은 커 보이는 걸 좋아하니까. 또 물건을 여러 번 싸고 또 싸야 정성껏 포장했다고 생각하거든. 그런데 깨지지 않는 물건까지 둘둘 쌀 필요는 없잖아?

꿈의 물질 플라스틱

세상에 플라스틱이 처음 등장했을 때 사람들은 "와, 꿈의 물질이야!" 탄성을 질렀어. 어떤 모양이든 척척 만들 수 있고, 가볍고, 말랑하고, 단단했지. 그뿐인가? 매끈매끈하고, 녹슬지도 않고, 썩지도 않으니 최고의 제품이라 여겼어!

골칫덩어리 플라스틱

엄청나게 많은 플라스틱 제품은 시간이 지나면 쓰레기가 되어 환경을 망가뜨려. 수백 년이 지나도 썩지 않으니 정말 골치 아픈 제품이야. 1900년대 처음 나온 플라스틱 제품이 아직 쓰레기로 남아 있다니까!

"좀 어려울 수도 있으니 잘 들어 봐.
플라스틱으로 만든 음료수 병은 해마다 500억 개나 세상에 나와.
5,000개도 아니고, 5억 개도 아니고, 500억 개!
5 뒤에 붙은 0이 몇 개나 되는지 직접 세어 볼래?
5 0 0 0 0 0 0 0 0 0 0
플라스틱을 줄이지 않는다면, 곧 플라스틱 쓰레기가 지구를 뒤덮을지도 몰라.
문제는 또 있어! 플라스틱은 석유를 원료로 하는 화학 물질이야.
플라스틱으로 물건을 만들 때 사용하는 연료도 석유가 대부분이지.
그런데 석유는 지구를 뜨겁게 만드는 온실가스를 많이 배출해.
그래서 지구가 점점 뜨거워지고 있어."

지구가 플라스틱으로 뒤덮이기 전에, 플라스틱을 분리배출해서 재활용해 보자.

플라스틱 쓰레기 줄이고 줄이는 법

1. 비운다. 용기에 든 내용물은 깨끗이 비워.

2. 헹군다. 내용물이 남지 않도록 헹궈.

3. 라벨을 뗀다. 상표는 모두 제거해.

4. 분리배출한다. 플라스틱 제품을 버릴 때는 겉면에 그려진 삼각형을 잘 봐. 거기 적혀 있는 대로 나눠서 배출하면 OK.

⚠️ 종량제 봉투에 버려야 하는 것들도 있어!

빨대, 일회용 숟가락처럼 크기가 작은 것, 칫솔이나 알약 포장지처럼 여러 재질이 섞인 건 재활용할 수 없어. 국물이 붉게 물든 컵라면 용기도 마찬가지야. 사진이나 영수증같이 코팅된 종이류도 종량제 봉투에 버리는 것 잊지 마!

"플라스틱 쓰레기를 줄이지 않으면 육지는 물론이고,
고래나 거북이가 사는 바다도 죽어갈 거야."
바르바가 시무룩하게 말했어.

우리가 무심코 버린 쓰레기는 어디로 가고, 어떤 문제를 일으킬까?
바람에 날리거나 빗물에 쓸려 강으로 가고, 강에서 바다로 갈 거야.
바다에서 떠다니던 플라스틱은 파도나 바람에 의해 미세 플라스틱이 돼.
그걸 물고기가 먹지. 우리는 그 물고기를 먹고. 결국 돌고 돌아
다시 우리에게 오는 거야. 우리가 쓰레기를 아무 데나 버리지 않으면
땅도, 바다도, 물고기도, 사람도 고통받는 일이 훨씬 줄어들 거야.

"도대체 이 많은 쓰레기를 어떻게 해야 하지?
이렇게 어마어마한 쓰레기는 본 적이 없는데."
마이너 도사가 머리를 쥐어뜯었어.
"사실 사람들은 쓰레기 문제를 해결할 방법을 알아.
알지만 실천하지 않을 뿐이야."
"뭐? 알면서 실천을 안 한다고?"
"그래. 귀찮고 번거롭거든. 쓰레기 '줄여줄여법'이 통하지 않는다니까."

바르바가 말을 마치기도 전에
마이너 도사가 순식간에 하늘로 올라갔어.
그러자 바르바도 짠! 하고 사라졌단다.

하늘 나라로 돌아간 마이너 도사는 상제께 자세히 아뢰었어.
"그래. 고생 많았다! 모든 생명이 제 수명을 다 살려면
사람들이 쓰레기 줄이는 법을 실천하도록 해야 하는데…….
방법을 찾아보자꾸나."
"예. 저도 깊이 생각해 보겠습니다."

어찌할꼬?

음~

마이너 도사는 생각하고
또 생각하고
또 생각하고
또 또 생각했어.
석 달 열흘 동안 골똘히 생각한 끝에
종이에 글을 쓰고 또 썼지.

무슨 글이냐고?

바로 이거야!

플라스틱을 왜 줄여야 할까?

제로 웨이스트를 실천하려고 하지만, 우리 주변에는 플라스틱으로 만든 제품이 너무너무 많아. 이렇게 '가볍고 편리하게 사용할 수 있는 플라스틱을 왜 줄어야 할까?' 생각해 본 적 있니?

플라스틱에서는 환경 호르몬이 나와. 환경 호르몬은 우리 몸속의 정상적인 호르몬을 방해하는 화학 물질이야. 환경 호르몬에 오래 노출되면 여러 질병에 걸릴 수 있어. 아토피 같은 피부 질환이 생기거나, 성장을 방해해 키가 덜 자라기도 하고, 암에 걸릴 수도 있지.

이렇게 무서운 환경 호르몬은 농약, 살충제 같은 물질에 들어 있는데, 플라스틱 종류에 따라서 뜨거운 열을 가했을 때 환경 호르몬이 나오기도 해. 환경 오염을 일으키고, 우리 몸에도 나쁜 영향을 미치는 플라스틱!

이제부터 플라스틱으로 만들어진 일회용품은 사용하지 않도록 노력해 보자!

플라스틱으로 만들어진 장난감을 가지고 논 뒤에는 손을 깨끗이 씻는 게 좋아!

생태계를 보호하는 친환경 바이오 플라스틱

많은 사람들이 '쓰레기를 줄이기 위한 방법은 무엇일까?' 고민했어. 쓰레기에서 가장 많은 게 플라스틱이잖아. 그래서 탄생한 것이 바로 바이오 플라스틱이야. 바이오 플라스틱은 화석 연료 대신 다양한 식물을 이용해 만들어진 플라스틱을 말해. 새우 껍질이나 게 껍데기, 옥수수 전분 등을 이용해 플라스틱을 만들기도 하고, 버섯의 균을 활용해 스티로폼을 대체할 포장재를 개발하기도 하지.

바이오 플라스틱의 장점은 빠르고 쉽게 분해된다는 거야. 보통 플라스틱은 땅속에서 오랜 시간이 흘러도 썩지 않아서 환경 오염을 일으키지만 바이오 플라스틱은 이런 문제가 없는 거지. 또 화석 연료를 쓰지 않으니 천연자원이 고갈되는 문제도 없어. 어때? 지구 환경을 지키고 제로 웨이스트를 실천하기 위해서도 바이오 플라스틱이 꼭 필요하겠지?

바이오 플라스틱은 플라스틱을 대체해 점점 더 많은 곳에 쓰일 거야.

추천의 글

수리수리 수리랑랑 쓰레기랑!

배선화 매거진 쓸(SSSSL) 에디터

어린이 여러분, 사람과 동물에게도 수명이 있듯이, 우리가 쓰는 물건에도 수명이 있다는 것 알고 있나요? 조금 어렵지만, '제품 생애 주기'라고 하는 말은 하나의 물건이 만들어져서 우리를 만나 사용되다가 쓸모가 끝난 이후의 처리 과정을 전부 담고 있어요.

사람들이 한두 번 쓰고 버려 제품 생애 주기가 짧아진 물건들은 하늘나라의 상제를 너무 일찍 만난 생명들처럼 억울해하고 있을 게 분명해요. 아마 버려진 쓰레기를 관리하는 쓰레기 상제가 있다면 상제만큼 화가 잔뜩 나 있지 않을까요?

"여긴 너무 좁아! 그만들 좀 와!" 하고 소리치면서 말이죠.

만약에 일회용 컵이 폐기되지 않고 처음 모습으로 되돌아간다면 어떨까요? 병뚜껑이 다음번엔 목걸이로 변신한다면요? 물건도 오래오래 살 수 있지 않을까요? 물건을 재활용·새활용하면 더 많은 것이 될 수 있고, 더 다양한 쓰임을 가지게 되니 제품 생애 주기는 계속 늘어날 거예요.

바르바와 마이너 도사의 말대로 쓰레기를 줄이는 방법은 아주 간단하고, 어린이 여러분도 지금 당장 실천할 수 있어요. 첫 번째는 세상에는

먹고 싶은 것도 많고 사고 싶은 것이 너무 많지만, 그중 나에게 진짜 필요한 게 무엇인지 고민해 보는 거예요. 그러고 나서 꼭 필요한 것만 사는 것이죠.
두 번째는 일회용품 대신 여러 번 사용할 수 있는 물건을 쓰는 거예요.
세 번째는 버릴 수밖에 없는 물건은 최대한 깨끗이 분리배출해서 본래의 모습을 되찾을 수 있도록 하는 것이죠. 어때요. 쉽지요?
마이너 도사의 줄여줄여법만 실천한다면 더 이상 쓰레기가 나오지 않는 '제로 웨이스트(Zero Waste)' 지구를 만날 수 있을 거예요. 나와 쓰레기와 지구를 바꿔 줄 주문을 다시 한번 외워 볼까요?
수리수리 쓰리쓰리, 깨끗한 지구 쓰리랑랑!

> 매거진 쓸은 쓸 수 있는 자원을 생각하며 생활하는 '제로 웨이스트 라이프' 이야기를 담은 잡지입니다. 불필요한 쓰레기를 줄이며 생활을 정돈하고 환경을 지키는 일상을 이야기합니다. 영어로는 SSSSL로 표기하는데 'small, slow, sustainable, social life'라는 뜻도 포함하고 있습니다.

# 퀴즈 정답

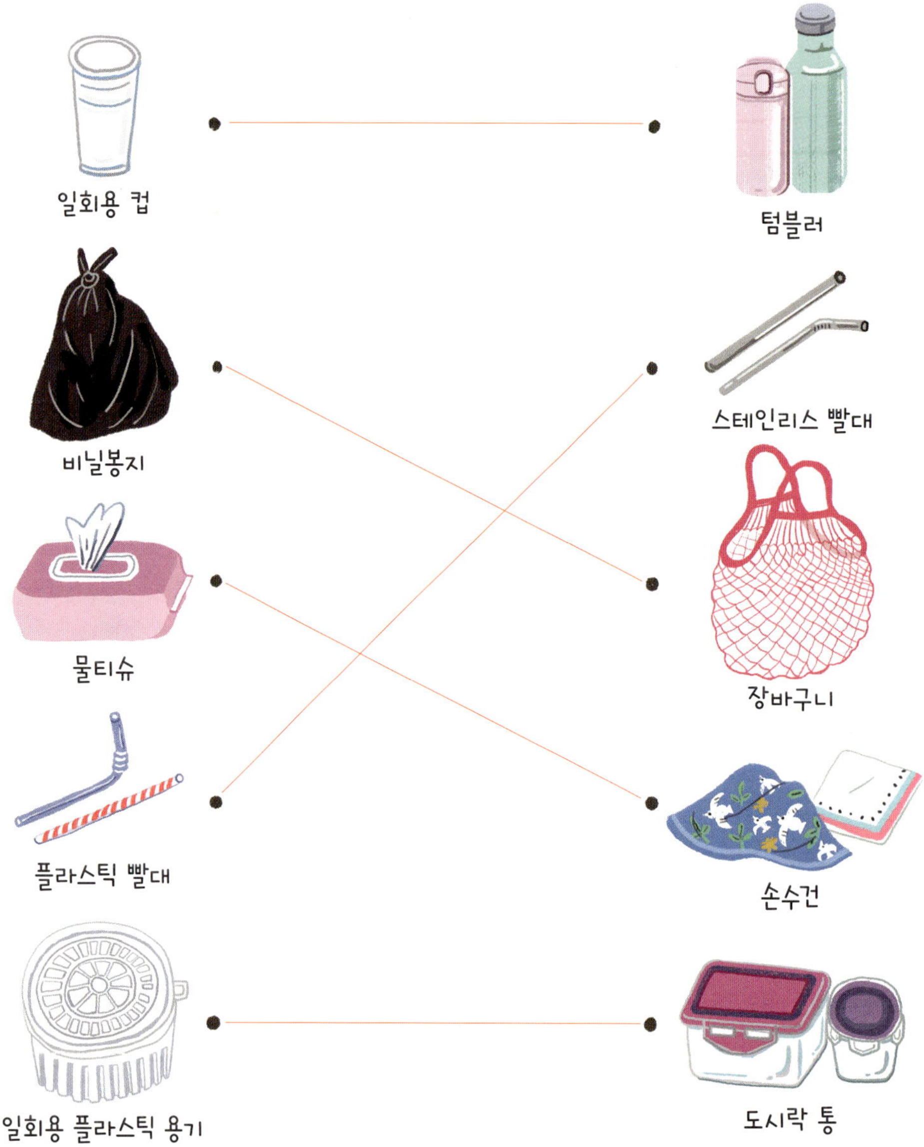

- 일회용 컵 — 텀블러
- 비닐봉지 — 장바구니
- 물티슈 — 손수건
- 플라스틱 빨대 — 스테인리스 빨대
- 일회용 플라스틱 용기 — 도시락 통

글 유다정

아이들의 지적 호기심을 채워 주기 위해, 올바른 지식을 재미있게 알려 주기 위해 늘 노력합니다. 2005년 창비 '좋은 어린이책' 기획 부문 대상을 받았습니다. 지은 책으로 《고래를 삼킨 바다 쓰레기》, 《명품 가방 속으로 악어들이 사라졌어》, 《눈빛 여우와 모랫빛 여우》, 《지구를 구하는 발명책》, 《거인의 눈이 태양이라고?》, 《어른이 되는 날》, 《투발루에게 수영을 가르칠 걸 그랬어》 등이 있습니다. 일상 속에서 많은 것을 발견하는 힘을 기르도록 도와주기 위하여 〈한 걸음 더 어린이 인문학〉 시리즈를 쓰고 있습니다.

그림 이해정

대학에서 시각 디자인을 공부했고, 어린이 책에 그림을 그리고 있습니다. 《소녀와 소년》, 《꽃 아주머니와 비밀의 방》, 《청소년을 위한 광주 5.18》, 《딱 한마디 미술사》, 《여기는 집현전》, 《난민 전학생 하야의 소원》, 《패스트 패션》 등의 책에 그림을 그렸습니다. 쓰고 그린 책으로는 《어슬렁어슬렁 동네 관찰기》가 있습니다.
인스타그램 instagram.com/upzorim

감수 와이즈만 영재교육연구소

창의 영재수학과 창의 영재과학 교재 및 프로그램을 개발했습니다. 구성주의 이론에 입각한 교수학습 이론과 창의성 이론 및 선진교육 이론 연구 등에도 전념하고 있습니다. 국내 최고의 사설 영재교육 기관인 와이즈만 영재교육에 교육 콘텐츠를 제공하고 교사 교육을 담당하고 있습니다.

자연에 대한 감수성을 키워 주는
와이즈만 환경과학 그림책 시리즈

01 우주 쓰레기
고나영 글 | 김은경 그림 | 와이즈만 영재교육연구소 감수 | 60쪽

02 똥장군 토룡이 실종 사건
권혜정 글 | 소노수정 그림 | 와이즈만 영재교육연구소 감수 | 80쪽

03 누가 숲을 사라지게 했을까?
임선아 글·그림 | 와이즈만 영재교육연구소 감수 | 56쪽

04 명품 가방 속으로 악어들이 사라졌어
유다정 글 | 민경미 그림 | 와이즈만 영재교육연구소 감수 | 48쪽

05 1억 년 전 공룡 오줌이 빗물로 내려요
강경아 글 | 안녕달 그림 | 와이즈만 영재교육연구소 감수 | 58쪽

06 푸른 숲을 누가 만들었나?
유다정 글 | 민경미 그림 | 와이즈만 영재교육연구소 감수 | 40쪽

07 장군바위 콧수염
김고운매 글 | 이해정 그림 | 와이즈만 영재교육연구소 감수 | 60쪽

08 닥터 홀의 싱크홀 연구소
최영희 글 | 이경국 그림 | 와이즈만 영재교육연구소 감수 | 48쪽

09 꿀벌들아, 돌아와!
홍민정 글 | 이경석 그림 | 와이즈만 영재교육연구소 감수 | 48쪽

10 빛공해, 생태계 친구들이 위험해요!
강경아 글 | 김우선 그림 | 와이즈만 영재교육연구소 감수 | 44쪽

⑪ 돼지도 누릴 권리가 있어
백은영 글 | 남궁정희 그림 | 와이즈만 영재교육연구소 감수 | 44쪽

⑫ 전기가 나오는 축구공
서지원 글 | 오승민 그림 | 48쪽

⑬ 시끌시끌 소음공해 이제 그만!
정연숙 글 | 최민오 그림 | (사)한국소음진동공학회 감수 | 56쪽

⑭ 고래를 삼킨 바다 쓰레기
유다정 글 | 이광익 그림 | 이종명 감수 | 48쪽

⑮ 이끼야 도시도 구해 줘!
강경아 글 | 한병호 그림 | 와이즈만 영재교육연구소 감수 | 48쪽

⑯ 마이너 도사의 쓰레기 줄여줄여법
유다정 글 | 이해정 그림 | 와이즈만 영재교육연구소 감수 | 48쪽

⑰ 탄소 중립(근간)

⑱ 음식물 쓰레기(근간)

⑲ 패스트 패션(근간)

⑳ 식량 위기(근간)

퉤퉤! 또 쓰레기를 잘못 먹었어.

사람들이 제로 웨이스트를 실천한다면 맛없고 건강에도 안 좋은 쓰레기를 먹는 일도 줄어들 거야.